LES FÊTES
GRECQUES
ET
ROMAINES,
BALLET-HÉROIQUE,
REPRÉSENTÉ, POUR LA PREMIERE FOIS,
PAR L'ACADÉMIE-ROYALE
DE MUSIQUE,

Le Mardi 13 Juillet 1723.

Repris en 1733, 1741 & 1753.

Et remis au Théâtre le Mardi 27 Avril 1762.

PRIX XXX SOLS.

AUX DÉPENS DE L'ACADÉMIE.

A PARIS, Chés DE LORMEL, Imprimeur de ladite Académie, rue du Foin, à l'Image Sainte Genevieve.

On trouvera des Livres de Paroles à la Salle de l'Opera.

M. DCC. LXII.
AVEC APPROBATION ET PRIVILEGE DU ROI.

Le Poeme eſt de feu Monſieur FUSELIER.

La Muſique de feu Monſieur DE BLAMONT.

ACTEURS CHANTANTS
DANS LES CHŒURS.

Côte' du Roi.		Côte' de la Reine.	
Mesdemoiselles.	*Messieurs.*	*Mesdemoiselles.*	*Messieurs.*
La croix.	Le Page.	D'alliere.	S. Martin.
Durand.	Durand.	Maffont.	Albert.
Fontenet.	Delvaux.		L'Écuyer.
	Chicot.	Salaville.	Tourcaty.
Delor.	Scelle.	Lachantrie.	Chappotin.
Roublot.	Rose.	L'étienne.	Favier.
Bernard.	Robin.		Feret.
	Antheaume.	Villanfin.	Du Perrier.
Héry.	Contour.	Duplant.	Boy.
Adélaïde.	Dupar.	Desrosieres.	Laurent.

A ij

ACTEURS CHANTANTS
DU PROLOGUE.

APOLLON,   M^r. Gélin.
CLIO, *Muse de l'Histoire*,   Mlle. Rozet.
ÉRATO, *Muse de la Musique*,   Mlle. Lemiere.
*Un suivant d'*APOLLON,   M^r. Joly.
TERPSICORE, *Muse de la Danse.*
*Éleves d'*ÉRATO, *chantants.*
Éleves de TERPSICORE, *dansants.*

La Scéne est dans le Temple de Mémoire.

PERSONNAGES DANSANTS.
DU PROLOGUE.

TERPSICORE, *Muse de la Danse.*
Mlle. ALLARD.
CHEF DE LA DANSE.
M^r. VESTRIS.
SUITE DE TERPSICORE.
M^r. D'AUBERVAL, Mlle. GUIMARD.
M^{rs}. Hyacinte, Trupty, Hamoche, 1. Leger, Rogier, c.
Rogier, 1. Riviere, Lany, c.
Mlles. Demiré, Rey, Basse, Saron, S^t. Martin, Siane,
Petitot, Darcy.

PROLOGUE.

PROLOGUE.

*Le Théâtre repréſente le Temple de Mémoire , orné de
Statues des grands Hommes.*

SCENE PREMIERE.

CLIO, ÉRATO, ÉLEVES D'Érato.

CLIO , aux Éleves d'É R A T O.

O Vous , qui conſacrés votre aimable génie
    A la Muſe de l'Harmonie ,
Répondés à mes vœux , ſecondés ſes efforts :
Apollon vous raſſemble au Temple de Mémoire ;
    Pour les Héros , ſignalés dans l'Hiſtoire ,
    Je vous demande des accords.
Des guerriers fabuleux c'eſt trop chanter la gloire ,
Hâtés-vous d'éprouver de plus nobles tranſports.

É R A T O, à C L I O.

Quoi, Muſe équitable & ſincere,
Qui défendés de l'injure des tems
Les ſolides vertus, les exploits éclatants,
La Vérité, qui vous éclaire,
Voudra-t-elle ſouffrir nos jeux?
Je crains ſon flambeau rigoureux.

C L I O.

La Vérité n'eſt pas toûjours ſi redoutable;
L'Hiſtoire, auſſi-bien que la Fable,
Peut fournir à vos chants des héros amoureux.
Il n'eſt pas un vainqueur qui ne ſoit tributaire
Du doux empire de Cithere.

E N S E M B L E.

Les plus infléxibles guerriers
Ont reſſenti les tendres peines:
Amour, ſous leurs lauriers
On apperçoit tes chaînes.

É R A T O, à ſa Suite.

Soûtenés un choix glorïeux,
Vous, que chérit la Seine, & que le Tibre admire.
Vous enchantés par votre lire
Et les palais des rois & les temples des Dieux.

En célébrant l'Amour, vous lui donnés des armes;

Il trïomphe quand vous brillés.
Les rossignols, au printems rassemblés,
Ne chantent pas plus tendrement ses charmes.

En célébrant l'Amour, vous lui donnés des armes;
Il trïomphe quand vous brillés.

CHŒUR *des Éleves d'ÉRATO.*

Régnés dans nos fêtes nouvelles,
Régnés, Amours, charmants vainqueurs;
Venés y verser les douceurs
Qui font le prix des cœurs fideles.

(*APOLLON paroît à la fin du CHŒUR.*)

CLIO.

Apollon vient ici; quel honneur pour nos jeux!
Rien ne manque plus à nos vœux.

SCENE II.

APOLLON, *& les* ACTEURS *de la Scêne*
précédente.

APOLLON.

Pour les favoriser, je quitte le Permesse;
Instruit de vos projèts, j'en veux être témoin;

Je préfide à vos jeux, leur gloire m'intereffe;
   Et c'eft à moi d'en prendre foin.

Vous allés expôfer fur la lirique Scêne
Des héros, l'ornement & de Rome & d'Athêne.

Non, ce n'eft pas affés de vos charmants concerts;
   Une Mufe vous manque encore.
Croyés-vous réunir les fuffrages divers,
   Sans le fecours de Terpficore?

C'eft en vain qu'aujourd'hui des chants mélodïeux
   Sur la Scêne appellent les Grâces:
Si la Danfe n'amufe & ne charme les yeux
L'ennui fuit les plaifirs, & vole fur leurs traces.

É R A T O.

Ceffés de nous vanter Terpficore & fes pas;
   Nous connoiffons tous fes appas.

(*On entend un Prélude qui annonce* TERPSICORE.)

A P O L L O N.

Je l'entends; profités, Mufes, de fa préfence.

É R A T O.

Je remplîrai votre efpérance.

SCENE

SCENE III.

TERPSICORE, *fa Suite*, & *les* ACTEURS
de la Scêne précédente.

APOLLON.

Terpsicore, venés; prêtés-leur vos attraits.

ÉRATO, CLIO, & APOLLON.

Charmante Mufe de la Danfe,
Les jeux que vous ornés trïomphent à-jamais.

On danfe.

Un fuivant d'APOLLON.

Jeunes beautés, pour être plus aimables
Danfés, chantés
Tous les cœurs feront domtés.
Le Chant, la Danfe, à vos vœux favorables,
De leurs appas fauront vous orner tour-à-tour.
Plus vous uniffés de talents agréables,
Plus vous livrés de traits au tendre amour.

APOLLON.   *On danfe.*

Retracés aujourd'hui les plus aimables fêtes
Qui des Vainqueurs du monde amufoient les loifirs:
La grandeur ordonnoit leurs jeux & leurs conquêtes;
L'Univers admiroit leur gloire & leurs plaifirs.

CHŒUR des Éleves de TERPSICORE & d'ÉRATO.

A des emplois nouveaux, Apollon nous appelle,
Ranimons nos pas & nos voix,

B

Et marquons notre zele
Au Dieu qui nous donne des loix.

*(ÉRATO & APOLLON célébrent les louanges de
TERPSICORE dans une cantate, & la Muse de la
Danse en exprime les simphonies & les chants variés,
par ses pas & ses attitudes.)*

ÉRATO & APOLLON.

Quelle danse vive & legere !
Les jeux, les ris vous suivent tous :
Muse brillante, auprès de vous
On voit plus d'amours qu'à Cithere.

Vous peignés à nos yeux les transports des amants,
Les tendres soins, la flateuse espérance,
Le désespoir jaloux, la cruëlle vengeance ;
Tous vos pas font des sentiments.

Quelle danse vive & legere !
Les jeux les ris vous suivent tous ;
Muse brillante, auprès de vous
On voit plus d'amours qu'à Cithere.

AVEC LE CHŒUR.

Muse brillante, auprès de vous
On voit plus d'amours qu'à Cithere.

FIN DU PROLOGUE.

LES JEUX OLIMPIQUES.

PREMIERE ENTRÉE.

ACTEURS CHANTANS.
PREMIERE ENTRÉE.

ALCIBIADE, *vainqueur des jeux, amant d'Aspasie,*   M^r. Larrivée.

TIMÉE, *aimée d'Agis, Roi de Sparte, & amoureuse d'*ALCIBIADE, Mlle. Dubois.

ASPASIE, *jeune Grecque, nommée pour distribuer les prix aux Vainqueurs des Jeux,*   Mlle. Rivier.

AMINTAS, *Confident d'*ALCIBIADE, M^r. Joly.

ZÉLIDE, *Confidente de* TIMÉE, Mlle. S^t. Hilaire.

SPECTATEURS *des Jeux.*

La Scène est dans l'Élide, près du Temple de Jupiter Olimpien.

PERSONNAGES DANSANTS.
TRIOMPHE D'ALCIBIADE.
PEUPLES GRECS.

Mlle. DUMONCEAU.

M^{rs}. Cezeron, Gougi, Rogier, c. Hamoche, c. Bianqui, Doffion.

Mlles. Bocard, l. Bocard, c. Cornu, Villette, Martigni, Buard.

LUTTEURS.

M^{rs}. LAVAL, GARDEL.

COUREURS.

M^{rs}. D'AUBERVAL, GROSSET.

LES JEUX
OLIMPIQUES.

PREMIERE ENTRÉE.

Le Théâtre repréſente, dans le fond, le Temple de Jupiter Olimpien, &, ſur le devant, une avenüe d'Arbres. On voit deux Groupes, exprimant l'un des travaux d'Hercule, inſtituteur des Jeux Olimpiques.

SCENE PREMIERE.
TIMÉE, ſeule.

Dois-tu, cruël Amour, te ſervir d'un volage
   Pour te ſoûmettre un tendre cœur ?
Mes yeux ne regnent plus ſur l'objet qui m'engage ;

L'infidele éteint son ardeur,
Dès qu'il sait que je la partage :
Ah ! j'ai fait tous mes maux, en fesant son bon-
heur.

Dois-tu, cruël Amour, te servir d'un volage
Pour te soûmettre un tendre cœur ?

SCENE II.

TIMÉE, ZÉLIDE.

ZÉLIDE.

Tandis que près d'ici la Grece raſſemblée
Applaudit au Vainqueur des Jeux ,
Tandis que tout comble vos vœux ,
Vous fuyés les plaiſirs , vous paroîſſés troublée....

TIMÉE.

Ah , que mon ſort eſt rigoureux !

Pour jouïr d'un moment tranquille
J'errois ſeule dans ce ſéjour :
Je cherche en vain la paix dans ce charmant aſile ,
Hélas! les tendres cœurs trouvent par-tout l'amour ,

Apprends mon ſort ; conçois ma juſte jalouſie :
Mon amour , mes ſoûpirs , mes ſoins ſont ſuperflus ;
Alcibïade aime Aſpaſie ,
L'inconſtant ne changera plus !

ZÉLIDE.

Quoi , vous ne ſeriés plus aimée !
Je n'ai point apperçu ce fatal changement.

TIMÉE.

Il n'a pu tromper un moment
Les regards de Timée.

J'aime trop mon amant, hélas !
Pour ignorer son inconstance.
Le tendre amour ne s'apperçoit-il pas
De tout ce qui détruit sa plus chere espérance ?
J'aime trop mon amant, hélas !
Pour ignorer son inconstance.

(*Timée apperçoit de loin* ALCIBIADE.)

Il vient. Quels doux transports paroîssent l'agiter.
Écoutons ses discours ; ce lieu nous est propice.

ZÉLIDE.

Vous vous répentirés d'employer l'artifice.

Il est dangereux d'écouter
Les secrèts d'un cœur infidele.
On peut y découvrir quelque offense nouvelle ;
De son crime il vaut mieux douter :

Il est dangereux d'écouter
Les secrèts d'un cœur infidele.

T I M É E.

Viens : à l'Amour jaloux je ne puis résister.

(*Timée emméne Zélide, & va se cacher.*)

SCENE III.

ALCIBIADE, AMINTAS, TIMÉE,
& ZÉLIDE, *cachées.*

AMINTAS.

Dans vos yeux satisfaits on lit votre victoire :
Vous avés de nos Jeux remporté tout l'honneur.

ALCIBIADE.

Tu ne vois que ma gloire,
Apprends les plaisirs de mon cœur.

La charmante Aspasie,
Par les Grecs vient d'être choisie
Pour me donner le prix, ordonné dans nos Jeux ;
Et son cœur, en secret, est sensible à mes feux.

Tous mes vœux sont remplis : la beauté qui m'en-
chante
Va me couronner dans ce jour :
La couronne la plus brillante
S'embellit, en passant par les mains de l'amour.

AMINTAS,

Quoi, vous êtes déja dans des chaînes nouvelles ?
Aspasie est sensible à vos feux infideles !

A L C I B I A D E.

L'Amour nous a tous deux frappés des mêmes coups.

Sous les ombres du miſtere.
Nous trompons les yeux jaloux :
Contens d'aimer & de plaire,
Nous cachons des feux ſi doux
Sous les ombres du miſtere.

A M I N T A S.

Je le vois, vous voulés éviter la colere
De l'objet, que trahit votre légereté :
Se peut-il qu'un héros, que la raiſon éclaire,
Suive toûjours la nouveauté ?

A L C I B I A D E.

Mon cœur, fait pour l'indépendance,
Néglige la fidélité :
Et je trouve dans l'inconſtance
L'image de la liberté.

A M I N T A S.

Changer d'amour, c'eſt changer d'eſclavage ;
L'inconſtant ne peut être heureux dans ſes deſirs :
Un cœur, qui de ſes nœuds ſi ſouvent ſe dégage,
Prouve qu'ils ne ſont pas formés par les plaiſirs.

C ij

A L C I B I A D E.

Notre cœur doit changer sans-cèſſe ,
Pour n'avoir que d'heureux moments :
Les premiers jours de la tendreſſe
En ſont les jours les plus charmants.

A M I N T A S.

L'Amour vous punira d'une erreur qui l'offenſe.

A L C I B I A D E.

En ſervant ſon pouvoir, craindrois-je ſa vengeance?

Plus d'une beauté chaque jour
Par un volage eſt aſſervie :
Un fidele amant dans ſa vie
Ne ſoûmet qu'un cœur à l'Amour.

A M I N T A S.

Peut-on ſi hautement ſe déclarer volage ?
Doit-on ſoûpirer en tous lieux ?

A L C I B I A D E.

De la Divinité l'encens eſt le partage ;
Les ſoûpirs ſont l'hommage
Qu'éxigent de beaux yeux.
Gardons-nous de former des chaînes éternelles;
On doit encenſer tous les dieux ;
On doit aimer toutes les belles.

A M I N T A S.

Ainsi vous trahissés la flâme & les appas
D'une fidele amante ?

A L C I B I A D E.

En voyant l'objet qui m'enchante
Quels attraits, quelle ardeur ne trahiroit-on pas ;

SCENE IV.

ALCIBIADE, AMINTAS, TIMÉE, ZÉLIDE.

TIMÉE.

AH, c'en est trop, perfide ! arrête…
Est-ce donc là le fort que l'Élide m'apprête ?
Je ressens à la fois l'amour & la fureur.…..
Eh quoi ! n'ai-je plus d'espérance ?
Cruël, rends-moi ton cœur,
Ou mon indifférence.
Mais non, rien ne pourroit, hélas ! me dégager ;
Reviens ; l'amour constant près de moi te rappelle.
Tu ne rougis pas de changer ;
Change encore une fois, pour devenir fidele.

ALCIBIADE.

Calmés ce dépit éclatant :
Votre courroux m'est favorable :
Plus on se plaint d'un inconstant,
Plus on le fait paroître aimable.

T I M É E.

Cruël! c’en eſt donc fait? ſans regrèts, ſans remords,
    Vous vous livrés à l’inconſtance ?
Ah! du-moins, ſuſpendés mes funeſtes tranſports;
Déguiſés un moment l’excès de votre offenſe....
Alcibiade.... hélas ! .. vous gardés le ſilence....
Vous fuyés mes regards....

(*On entend un bruit de trompettes, qui annonce le*
    triomphe d’A L C I B I A D E.)

            Mais on vient, juſtes Dieux !
C’eſt ici que l’on doit couronner ton adreſſe :
        Dérobons ma honte à la Grece,
Hâtons-nous d’éviter un ſpectacle odieux.

        C’eſt trop long-tems pour un perfide
        Refuſer les vœux d’un grand Roi ;
Ingrat, je vole à Sparte, en ſortant de l’Élide ;
Agis aura ma main, s’il me venge de toi.

SCENE V.

ALCIBIADE, AMINTAS, ASPASIE.

GRECS, *Spectateurs des Jeux*, ATHLETES
de la Lutte & de la Course.

LE CHŒUR.

Vous avés dans nos Jeux remporté la victoire.

Que ce trïomphe est beau ! qu'il est digne de vous !

Les plus grands Dieux en ont été jaloux :
Leur gloire & leur éxemple augmentent votre gloire.

(ASPASIE *arrive, accompagnée de* GRECS & *de
jeunes* GRECQUES *qui la suivent en dansant ; elle
présente à* ALCIBIADE *une Couronne d'Olivier ,
Prix consacré aux vainqueurs des Jeux Olimpiques.*)

ASPASIE.

Aspasie en ce jour vient acquiter la glôire
De ce qu'elle doit au vainqueur
Trïomphés , recevés l'honneur
Que vous accorde la victoire.

ALCIBIADE.

ALCIBIADE.

Dans cet inſtant tout l'excès de ma gloire
N'eſt bien connu que de mon cœur :
Quand vous couronnés un vainqueur
Il vous doit plus qu'à la victoire.

(*Danſe des LUTTEURS.*)

ASPASIE.

Amants , que le miſtere amene dans nos fêtes ;
Vous laiſſés l'éclat aux Guerriers.
Plus l'Amour cache ſes conquêtes.
Plus il mérite de lauriers.

(*Danſe des ATHLETES de la Courſe.*)

AMINTAS.

Les prix que la Gloire préſente
N'attirent pas tous les cœurs dans ſa cour
Il en eſt que conduit une plus douce attente ;
L'Univers doit ſouvent ſes héros à l'Amour.

Vous , favoris de Mars , qui ſuivés la victoire ;
Volés , trïomphés ſur ſes pas :
Plus vous ſerés chers à la gloire ,
Plus l'objet de vos feux vous trouvera d'appas.

On danſe.

LE CHŒUR.

Éclatés , brillantes Trompettes ,
Célébrés le vainqueur , qu'il trïomphe à jamais.

D

Fesons retentir ces retraittes,
Des concerts de Bellone, & des Chants de la Paix.

FIN DE LA PREMIERE ENTRÉE.

LES BACCHANALES.

SECONDE ENTRÉE.

ACTEURS CHANTANS.
SECONDE ENTRÉE.

MARC-ANTOINE. M^r. Gélin.

EROS, *Affranchi de* MARC-
   ANTOINE. M^r. Muguet.

CLÉOPATRE, *Reine d'Égipte,* Mlle. Arnoud.

ÉGIPTIENS & ÉGIPTIENNES, *en Amours.*

ÉGIPTIENS & ÉGIPTIENNES, *en Égipans &*
   en Bacchantes.

PEUPLES *d'Égipte.*

SOLDATS *Romains.*

La Scêne eft dans le Camp des Romains, fur les bords du
fleuve Cidnus , dans la Cilicie.

PERSONNAGES DANSANTS.
SECONDE ENTRÉE.

ÉGIPANS & BACCHANTES.

Mlle. ALLARD.

M^{rs}. LEGER, COMPIONI.

Mlles. PESLIN, PRUD'HOMME.

ÉGIPTIENS & ÉGIPTIENNES.

M^{rs}. Lelievre, Trupty, Rogier, c. Gougi,
Rogier, l. Simonet.

Mlles. Saron, Saint-Martin, Petitot, Lozange,
Martaize, Contat.

LES BACCHANALES.

SECONDE ENTRÉE.

Le Théâtre repréſente le Camp des Romains, ſur les bords du fleuve Cidnus, dans la Cilicie.

SCENE PREMIERE.

ANTOINE, ÉROS, *ſon Affranchi.*

É R O S.

SEigneur, vous méditiés une illuſtre conquête ;
Et vous alliés punir les Parthes inconſtants :
Sur les bords du Cidnus, quel projet vous arrête ?

ANTOINE.

C'est Cléopâtre que j'attends :
Mon ordre appelle ici cette reine infidele.
Elle a servi Brutus & sa haîne rebelle ,
Les Romains en sont mécontents.

ÉROS.

Verrés-vous sans péril cette reine charmante?

ANTOINE.

Non, ne crains pas que j'augmente
Ses triomphes éclatants.

Mon cœur est conduit par la gloire ;
L'amour pourroit-il l'égarer ?
Sur les traces de la victoire
Quels appas puis-je rencontrer
Qui l'effacent de ma mémoire ?
Mon cœur est conduit par la gloire ;
L'amour pourroit-il l'égarer ?

ÉROS.

Le vainqueur de Pompée a brûlé pour les charmes
Qui vont briller à vos regards :
Où votre cœur trouvera-t-il des armes
Pour opposer aux traits qui domtent les Césars ?

A N T O I N E.

Les traits que l'Amour lance
Ne font pas tous victorïeux :
Et contre fa puiffance
Le héros le plus glorïeux
N'eft pas toûjours celui qui fe défend le mieux.

Je te le dis encore,
Ne crois pas que je cede à des traits impuiffants.
Ce n'eft pas à l'Amour que j'offre mon encens;
C'eft un Dieu conquérant, c'eft Bacchus que j'adore.

É R O S.

Rival de fa valeur, charmé de fes exploits,
Vous l'avés imité cent fois.

A N T O I N E.

Les Romains ne font nés que pour domter la Terre,
Et l'Amour n'eft pas fait pour être leur vainqueur :
Lorfque dans cent climats on veut porter la guerre
Il faut favoir trïompher de fon cœur.

A N T O I N E & É R O S.

Un laurier, que la gloire donne,
Vaut tous les mirthes des amants.

Quels heureux jours ! quels doux moments !
Quand la victoire nous couronne ?
Un laurier, que la gloire donne,
Vaut tous les mirthes des amants.

SCENE

SCENE II.

ANTOINE, ÉROS CLÉOPATRE, ÉGIPTIENNES & BACCHANTES.

ÉGIPTIENS & ÉGIPANS.

(On voit paroître de loin fur le fleuve Cidnus une Barque fuperbe, dont la Poupe eft d'or, & les Rames d'argent. La Reine d'Égipte, magnifiquement habillée, eft couchée fous un Pavillon de pourpre, tiffu d'or; de petits Égiptiens, déguifés en Amours, font à fes piés : d'autres Barques, chargées d'Égiptiens, d'Égipans, d'Égiptiennes & de Bacchantes, accompagnent celle de Cléopâtre, & s'approchent lentement du Rivage.)

ANTOINE.

Mais du fils de Sémele & du Dieu de Cithere
Les aimables fujèts s'affemblent à mes yeux.
Bacchus, eft - ce Ariane ? Amour, eft-ce ta mere
Qui les réunit dans ces lieux ?

E

(Les Soldats Romains sortent de leurs tentes , & ac-
courent de tous côtes sur le rivage , pour voir cette
flotte galante.)

C H Œ U R , *des Romains.*

Lorsqu'elle veut charmer le monde,
C'est ainsi que Vénus se promene sur l'onde.

(Les Égipans & les Bacchantes font leur débarquement.
Cléopâtre les suit , & deux Romains la conduisent
près d'Antoine.)

C L É O P A T R E.

Vous voyés Cléopâtre , odïeuse aux Romains ,
Et peut-être , helas ! à vous même :
J'obéis , en tremblant , à votre ordre suprême,
Et je viens dépôser mon Sceptre dans vos mains.

A N T O I N E , *à part.*

Que devient ma fierté ? tous ses efforts sont vains.

C L É O P A T R E.

Je sais que de Bacchus vous chérissés la gloire ;
L'Égipte , la premiere , honora sa mémoire ,
Jai cru que sur ces bords vous souffririés nos jeux.
Vous , qui nous rappellés le Vainqueur généreux ,
Qui d'une amante déplorable.
Adoucit , dans Naxos , le destin rigoureux
Me serés-vous inéxorable ?

La fille de Minos possédoit mille appas,
Il est vrai ; la beauté se rend tout favorable ;
Rarement un héros ne la protege pas :
Mais pourquoi trouverois-je un cœur impitoyable ?
  Arïane étoit plus aimable ;
  Je suis plus malheureuse, hélas !
  Me serés vous inéxorable ?

ANTOINE.

Si Bacchus avoit vu l'éclat de vos beaux yeux,
Lorsqu'Arïane en pleurs, sur un triste rivage,
Toucha par ses regrèts ce Dieu victorïeux,
Elle eût longtems pleuré la fuite d'un volage.

CLÉOPATRE.

  Seigneur, je venois devant vous
  Justifier mon innocence.......

ANTOINE.

Votre premier regard en a pris la défense.

CLÉOPATRE.

Quel Dieu vient de fléchir pour moi votre couroux ?

ANTOINE.

Reconnoissés l'Amour au pouvoir de ses coups.

Lorsque loin de vos yeux on me peignoit vos
  charmes,
La sévere raison me promettoit des armes
  Contre leurs plus aimables traits :

Mais, hélas! quelle différence
D'entendre vanter leur puiſſance,
Ou de voir briller leurs attraits!

CLÉOPATRE.

Non, non, je ne puis croire
Qu'à trïompher l'Amour mette ſi peu d'inſtants?
Lorſqu'un héros lui céde la victoire,
Il la diſpute plus longtems.

ANTOINE.

Du terrible Dieu de la Thrace
L'Amour, dans ſes exploits, efface
La plus vive rapidité.
On donne bien des jours à la plus courte guerre;
Un ſeul inſtant ſuffit à la beauté
Pour trïompher des vainqueurs de la terre.

CLÉOPATRE.

Ne vous obſtinés pas à troubler mon repos;
Rome défend à ſes héros
D'ôſer ſoûpirer pour des Reines.....

ANTOINE.

Je lis dans vos beaux yeux des loix plus ſouveraines.

CLÉOPATRE.

Quoi ! Rome vainement condamneroit vos feux ?
Vous pourriés de Fulvie abandonner les chaînes ?

ANTOINE.

Je ne connois plus que vos nœuds :
Confentés que l'amour à-jamais nous uniffe.

CLÉOPATRE.

Quand vous m'offrés un fi grand facrifice ,
Seigneur, en les comblant, vous allarmés mes vœux !
  Puis-je compter fur la conftance
  Du feu qui vous brûle en ce jour ?
  Je n'ôfe écouter l'efpérance,
  Ah ! devrois-je écouter l'amour ?

ANTOINE.

  Tout vous garantit la conftance
  Du feu qui me brûle en ce jour :
  Ne retardés pas l'efpérance,
  Et qu'elle vole avec l'amour.

  D'aignés enfin me faire entendre
Quel fort à mes foûpirs vous voulés réferver,
Douterés-vous longtems de l'amour le plus tendre ?

CLÉOPATRE.

Douter de votre amour, n'eſt-pas-pas l'aprouver ?

(à ſa Suite.)

Dans ces lieux, témoins de ma gloire,
Hâtés - vous d'achever les jeux interrompus :
Mon cœur célébre ma victoire,
Que vos chants célébrent Bacchus.

SCENE III.

CLÉOPATRE, ANTOINE, ÉROS, ÉGIPTIENS & ÉGIPANS, ÉGIPTIENNES & BACCHANTES,

Soldats Romains.

LE CHŒUR.

Réunissons nos voix & nos hommages,
Mêlons nos vœux & vos concerts :
Que le nom de Bacchus, chanté sur ces rivages,
S'éleve, avec l'encens, & vole dans les airs.

(*Danse des ÉGIPANS & des BACCHANTES.*)

ANTOINE & CLÉOPATRE.

Les ris, les graces
Suivent Bacchus dans ce séjour :
L'Amour sur leurs traces
Vient lui-même embellir sa cour.

Ces Dieux s'uniffent.

Pour mieux répondre à nos defirs ;

Que ces lieux retentiffent

De leur gloire & de nos plaifirs.

On danfe.

C L É O P A T R E.

Brillés jouïffés de la paix ,

Plaifirs , dans le fein de la guerre :

Sufpendés l'effroi de la terre ;

Volés , ne nous quittés jamais.

Près de Bellone même ici tout eft tranquille ;

Amour , ne vous allarmés pas ;

Le féjour du Dieu des combats

Pour le fils de Vénus doit être un fûr afile.

Brillés , jouïffés de la paix ,

Plaifirs , dans le fein de la guerre :

Sufpendés l'effroi de la terre ;

Volés , ne nous quittés jamais ,

FIN DE LA SECONDE ENTRÉE.

LES

LES SATURNALES.

F

ACTEURS CHANTANS.
TROISIEME ENTRÉE.

DÉLIE, *parente de Mécène, fa-*
vori d'AUGUSTE, Mlle. Lemiere.

PLAUTINE, *Confidente de*
DÉLIE, Mlle. Rivier.

TIBULE, *Chevalier Romain,*
déguisé en Esclave, sous le nom
d'ARCAS M^r. Pillot.

BERGERS & BERGERES, PASTRES & PASTOURELLES,
ESCLAVES *chantants,* vétus en BERGERS &
en BERGERES.

La Scêne est dans les Jardins de la maison de Campagne
de Mécène.

PERSONNAGES DANSANTS.
BERGERS & BERGERES.

M^r. VESTRIS, Mlle. VESTRIS.

M^{rs}. D'AUBERVAL, GROSSET.

Mlles. DUMONCEAU, GUIMARD.

M^{rs}. Gougi, Rogier, c. Dubois, Compioni, Simonet, Doffion.
Mlles. Demiré, Rey, Baffe, S^t. Martin, Martigny, Buard.

PASTRES & PASTOURELLES.

M^r. LANY, Mlle. LYONNOIS.

M^{rs}. Béate, Cezeron, Hamoche, c. Bianqui.
Mlles. Bocard, I. Bocard, c. Cornu, Villette.

LES SATURNALES.

TROISIEME ENTRÉE.

Le Théâtre repréſente les Jardins de la maiſon de Campagne de Mécène.

SCENE PREMIERE.

DÉLIE, PLAUTINE.

PLAUTINE.

L'Eſclave qui toûjours ſe préſente à vos yeux
Quoi, le fidele Arcas eſt le tendre Tibule?

DÉLIE.

Oui, le feu qui pour moi le brûle,
Sous ce déguiſement, l'attire dans ces lieux.

C'eſt un effet de ſa délicateſſe.
Avant de laiſſer voir l'excès de ſon ardeur,
Il vouloit pénétrer le ſecret de mon cœur :
Réſolu d'immoler ſa flâme à ma tendreſſe,
Si ſes ſoins d'un rival découvroient le bonheur.

P L A U T I N E.

Aujourd'hui de Saturne on célébre la fête ;
De ces tems fortunés on fait les douces loix :
L'Eſclave, égal au Maître, en poſſede les droits.
    Le chagrin fuit, la colere s'arrête ;
Le Tibre ſur ſes bords revoit la liberté :
    Tibule en aura profité.

D É L I E.

Il ſe croit inconnu : le tranſport qui l'enflâme,
Conduit par le reſpect, ſe cache dans ſon âme,

P L A U T I N E.

Que l'on perd de doux inſtants
Lorſque l'on ſuit trop longtems
Le reſpect, toûjours timide !
    C'eſt un guide
Qui n'enſeigne pas aux amours
Les chemins les plus courts.

Mais que craint votre amant ? on diroit qu'il ignore
De qui dépend la main de l'objet qu'il adore !
Qu'il s'explique à Mécène ; il verra près de lui
Apollon à l'Amour accorder son appui.

D É L I E.

L'Amour ne veut devoir son bonheur qu'à lui même.

P L A U T I N E.

Mais ! comment savés-vous que Tibule vous aime?

D É L I E.

Conduite par le sort dans un bois écarté ,
J'ai, sans être apperçue , éclairci ce mistere.
Tibule, soûpirant au bord d'une onde claire,
     N'y pensoit pas être écoûté ;
J'ai su dans ces beaux lieux le prix d'un cœur sincere.

P L A U T I N E.

Je ne m'étonne plus si votre empressement
     Vous y ramene à tout moment.

D É L I E.

Dans ces jardins charmants Flore enchaîne Zéphire;
     Quel aimable séjour
     Pour un cœur qui soûpire !
Un printems éternel y regne avec l'amour.

Sous ces arbres, témoins de mon bonheur extrême,
A chaque inftant je puis trouver
Le plaifir de voir ce que j'aime,
Ou, du-moins, celui d'y rêver.
Dans ces jardins charmants Flore enchaîne Zéphire;
Quel aimable féjour
Pour un cœur qui foûpire !
Un printems éternel y regne avec l'amour.

(*Appercevant* TIBULE.)

Mais Tibule paroît ; éprouvons fa conftance
Par une feinte confidence.

(DÉLIE & PLAUTINE *feignent de ne pas apper-*
cevoir TIBULE *, & fe retirent vers le fond*
du Theâtre.)

SCENE II.

DÉLIE, PLAUTINE, TIBULE,

déguisé en Esclave, sous le nom d'ARCAS.

TIBULE, à part, sans voir DÉLIE.

MÉcène dans ce jour, près d'Auguste arrêté,
 Laisse ma flâme en liberté....
Je vois Délie ; allons *... O Ciel ! que vais-je faire ?

(* *Il fait quelques pas pour l'aborder, & s'arrête.*)

 Loin de l'objet qui m'a su plaire,
Mon cœur se croit toûjours assés audacïeux
Pour hasarder l'aveu de ma flâme sincere :
Mais quand cette beauté se présente à mes yeux,
 Le respect me force à me taire.

 Amour ! sers les amants discrèts.

DÉLIE, à part, à PLAUTINE.

Je vais faire éclater ses sentimens secrèts.

(*Haut à TIBULE.*)

Venés, Arcas, venés ; j'ai remarqué le zele
 Qui, sur mes pas, vient toûjours vous offrir.

TIBULE.

Il n'en eſt pas de plus fidele.

DÉLIE,

Pour prix de votre foi , je veux vous découvrir
Ce qui ſe pâſſe dans mon âme.

TIBULE, à part.

Quel redoutable inſtant ! que je crains pour ma flâme!

DÉLIE.

Mon cœur dans un projet attend votre ſecours.

TIBULE.

Je ſaurai , s'il le faut , vous immoler mes jours.

DÉLIE.

Arcas , vous voulés trop payer ma confiance.

TIBULE.

Parlés. . vous balancés… ah ! c'eſt trop différer.

DÉLIE.

Eh ! bien , il faut me déclarer ;
J'aime à voir votre impatience.

Je méprifois l'Amour , je fuyois ſes plaifirs ,
Et je bornois tous mes defirs

A

A la paisible indifférence.
En soûmettant mon cœur à sa douce puissance
L'Amour croit s'être bien vengé :
Je l'aurois plûtôt outragé
Si j'avois prévu sa vengeance.

TIBULE, à part.

Quel trouble affreux vient me saisir ?
(*haut à DÉLIE.*)
Vous aimés donc ?... l'Amour aura su vous choisir
Un amant digne de vous plaire ?

DÉLIE.

Le Dieu qui regne dans Cithere
Est le plus éclairé des Dieux :
L'aimable choix qu'il m'a fait faire
Prouve bien qu'il n'a pas un bandeau sur les yeux.

Que pour moi dans ce jour votre zele s'emprèsse ;
C'est à vous seul, Arcas, d'achever mon bonheur :
Vous connoîssés l'objet de ma tendresse,
Nul ne peut mieux que vous m'assûrer de son cœur.

TIBULE.

Quelle cruëlle confidence !
Ah ! ne l'achevés pas, cessés de m'accâbler,
Ou mon funeste amour va rompre le silence....,

DÉLIE, *feignant de la surprise.*

Arcas aime Délie ! & l'ôfe révéler !
Mais Saturne & la fête excufent votre offenfe ;
Gardés - vous de la redoubler.

TIBULE.

Vous ignorés quel eft l'amant fincere
A qui vous refufés jufqu'à votre colere.
Quel que foit le deftin de mes tendres foûpirs
Je veux brûler pour vous d'un ardeur éternelle,
Je fufpends mes regrèts, je contrains mes defirs,
Hélas ! fans être heureux, je fais être fidele.

DÉLIE.

Parlés-moi de l'amant qui foûmet ma fierté ;
Ce difcours, cent fois répété,
Charmera mon amour extrême.
Lorfque d'un tendre cœur on veut être écouté,
Il faut ne lui parler que de l'objet qu'il aime.

TIBULE, *à part.*

Je ne puis foûtenir un fi cruël tourment ;
Fuyons.

DÉLIE.

Reftés, Arcas ; c'eft en vous que j'efpere ;
Je ne pourrois fans vous voir ici mon amant :

Mécène, favorable à notre ardeur sincere
Veut nous unir bientôt par un himen charmant....

TIBULE.

C'en est trop, le respect céde enfin à la rage :
Cruëlle, terminés un aveu qui m'outrage !....

(DÉLIE *le regarde d'un air riant.*)

O Ciel ! vous insultés à ma vive douleur ;
Mon désespoir augmente, un nouveau feu me brûle.
Craignés que je n'immole à ma juste fureur
Le trop heureux objet de votre tendre ardeur...

DÉLIE.

Pourrés - vous immoler Tibule ?

TIBULE.

L'ai-je bien entendu ? quel nom prononcés-vous ?

DÉLIE.

C'est le nom de l'objet de mes vœux les plus doux.

TIBULE.

Qu'entends-je ? o ciel, quel prix de ma persévérance !
Non , jamais l'espérance
N'auroit ôsé le promettre à mon cœur...
Ah ! deviés-vous si tard m'apprendre mon bonheur ?

G ij

D É L I E.

Nos feux font approuvés : tout remplit notre attente.

T I B U L E & D É L I E.

Aimons - nous, aimons - nous, & qu'une ardeur conftante

Enflâme à jamais nos defirs.

(On entend un prélude qui annonce la Fête des S A T U R N A L E S.)

T I B U L E.

On vient des tems heureux chanter la paix charmante :
Puiffe-t-elle toûjours régner dans nos plaifirs !

SCENE III.

DÉLIE, TIBULE, *en Esclave*, PLAUTINE,
ESCLAVES, *en* BERGERS, *en* BERGERES,
en PASTRES *&* *en* PASTOURELLES.

LE CHŒUR.

Chantons, chantons cent & cent fois ;
   Echos, répondés-nous, répondés à nos voix.
   Chantons dans ces belles retraites :
   Saturne, entends-nous dans les cieux.
   Que les Hautbois, que les Mufetes
Célébrent le modele & des Rois & des Dieux.

Un danfe.

DÉLIE.

   L'ombre & le filence
   Sont faits pour l'Amour ;
   Et ce Dieu s'offenfe
   De l'éclat du jour.

   La nuit, favorable
   Aux tendres defirs,
   Sous un voile aimable
   Couvre les plaifirs.

L'Ombre & le silence, &c.

On danse.

DÉLIE.

Venés, petis oiseaux,
Dans ce rïant boccage;
Joignés votre ramage
Au murmure des eaux.

Tout rit dans la nature,
Tout fleurit dans les champs
Et l'aimable verdure
Ramene le printems.

Venés petits oiseaux, &c.

[*Les* BERGERS *&* les PASTRES *forment un Ballet général, qui finit cette derniere entrée.*)

F I N.

APPROBATION.

J'Ai lu, par ordre de Monseigneur le Chancelier, une réimpression des *Fêtes Grecques & Romaines*, Ballet-Héroïque. A Paris ce vingt-six Mars 1762.

DEMONCRIF.